クロスステッチで楽しむ
きもの模様

和の色で刺す、伊勢型紙の美しい図案

遠藤佐絵子

河出書房新社

目次

はじめに　〜きもの模様と伊勢型紙について　…6

和の色で刺す
小さな文様

 01 … p8/p62
 13 … p11/p64
 25 … p13/p66

 02 … p8/p62
 14 … p11/p65
 26 … p13/p67

 03 … p8/p63
 15 … p11/p65
 27 … p13/p67

 04 … p8/p63
 16 … p11/p65
 28 … p13/p67

 05 … p10/p63
 17 … p12/p65
 29 … p15/p67

 06 … p10/p63
 18 … p12/p65
 30 … p15/p67

 07 … p10/p63
 19 … p12/p65
 31 … p15/p67

 08 … p10/p63
 20 … p12/p66
 32 … p15/p68

 09 … p10/p64
 21 … p12/p66
 33 … p15/p68

 10 … p10/p64
 22 … p12/p66
 34 … p15/p68

 11 … p11/p64
 23 … p13/p66
 35 … p16/p68

 12 … p11/p64
 24 … p13/p66
 36 … p16/p68

作品ページ / 図案ページ

配色の楽しみ
図案を二色で楽しむ

一つの図案をさまざまな
配色で楽しむ

 37 … p16/p68

 47 … p19/p70

 53 … p20/p71

 38 … p16/p69

 48 … p19/p70

 54 … p20/p71

 39 … p16/p69

 49 … p19/p71

 55 … p20/p72

 40 … p16/p69

 50 … p19/p71

 56 … p20/p72

 41 … p17/p69

 **51** … p19/p71

 57 … p21/p72

 42 … p17/p69

 52 … p19/p71

 58 … p21/p74

 43 … p17/p69

 **59** … p21/p72

44 … p17/p70

60 … p21/p72

45 … p17/p70

46 … p17/p70

和の色で刺す
植物図案

 61 … p22/p73

 62 … p23/p73

 63 … p23/p74

 64 … p24/p75

 65 … p24/p75

 66 … p25/p76

 67 … p25/p74

 68 … p26/p77

 69 … p27/p76

 70 … p28/p78

 71 … p29/p79

 72 … p30/p80

 73 … p31/p81

 74 … p32/p82

 75 … p33/p84

 76 … p34/p85

 77 … p35/p86

 **78** … p35/p83

 79 … p36/p88

 80 … p37/p90

和の色で刺す
伝統的なモチーフを使った文様

 81 … p38/p87

 82 … p39/p92

 83 … p40/p93

 84 … p41/p94

 85 … p42/p96

 86 … p43/p97

和の色で刺す
動物図案

 87 … p44/p87

 88 … p45/p98

 89 … p46/p99

 90 … p46/p100

 91 … p47/p101

 92 … p47/p102

 93 … p48/p104

 94 … p49/p103

和の色、和の文様を あしらった小物

ファスナーポーチ … p50/p106
がまぐちバッグ … p50/p108
ランチョンマット … p52/p110
コースター … p53/p109

クロスステッチの基本

道具と材料 … p54
刺繍糸の扱い方 … p55
糸の使用本数による仕上がりの違い … p55
クロスステッチの刺し方 … p56
ストレートステッチと
フレンチノットステッチの刺し方 … p57
糸の始末の仕方 … p57

刺繍糸色見本帖 … p58

掲載文様の図案 … p62

はじめに 〜きもの模様と伊勢型紙について

きものには、古くからたくさんの文様が使われてきました。
古典的なもの、縁起物とされる吉祥文様、植物や動物をモチーフにしたもの、
格子や菱などの幾何学文様、名もなき小さな文様も含めて、
さまざまなものがあります。

あまたあるきもの模様の中から、
この本では、実際に使われていた伊勢型紙の文様をもとに、
クロスステッチ用の図案として再現を試みました。

きものの生地に文様を染色するために使ったのが「伊勢型紙」。
伊勢(三重県鈴鹿市)地方に伝わる伝統工芸です。
重要無形文化財にも指定されています。
和紙を柿渋で貼り合わせたものが、型地紙と呼ばれる台紙となります。
この型地紙に、文様を彫ったものが伊勢型紙。
中には、薄くやわらかで繊細な「紗」を補強として表面に貼ったものもあります。
伊勢型紙をきものの生地にのせて、多くの場合、
彫った部分に防染糊を置き、地色を染めます。
すると、彫った部分が柄として白く染め残るのです。

伊勢型紙の文様を、クロスステッチの図案としてよみがえらせるにあたり、
きものでは白く染め残して表現した柄の部分を
刺繍糸で刺し、表現しています。
また、使用した刺繍糸の色を、和の色名で紹介しています。
和の色には、空や水、花や草木といった植物や動物、
染料などから名づけられた
美しい色名がたくさん存在しています。
きものに使われた文様と、日本古来の美しい色名を
クロスステッチでお楽しみいただけたら幸いです。

和の色で刺す
小さな文様

繰り返しが美しい小さな文様を、和の色で楽しみましょう。
もちろん、見本と違う色で刺しても素敵です。

01 曙色 あけぼのいろ　図案 → p62

02 鴇色（朱鷺色）ときいろ　図案 → p62

03 桃色 ももいろ　図案 → p63

04 珊瑚色 さんごいろ　図案 → p63

ピンク系の糸で植物のモチーフを刺しました。曙色は朝焼けを思わせるオレンジがかったピンク色で、別名・東雲色（しののめ）ともいわれます。英語でオーロラ色のこと。鴇色は鴇の風切羽のような、少し黄みがかった淡い桃色です。

05 茜色 あかねいろ　図案 → p63

06 朱色 しゅいろ　図案 → p63

07 柿色 かきいろ　図案 → p63

08 紅葉色 もみじいろ　図案 → p63

09 紅 くれない　図案 → p64

10 蘇芳色 すおういろ　図案 → p64

赤、茶系の糸で、菱や分銅つなぎ、立涌（たてわく）などの文様を刺しました。10は**むすび**という伝統的な文様です。蘇芳（すおう）は染料に使われる植物の名前で、蘇芳色は黒みを帯びた落ち着いた赤色のこと。

11 煤竹色 すすたけいろ　図案 ⇒ p64

12 檜皮色 ひかわいろ　図案 ⇒ p64

13 臙脂色 えんじいろ　図案 ⇒ p64

14 鳶色 とびいろ　図案 ⇒ p65

15 胡桃色 くるみいろ　図案 ⇒ p65

16 金茶 きんちゃ　図案 ⇒ p65

煤竹色は囲炉裏やかまどの煙にいぶされ、すすけた竹の色のような深みある茶色です。**13はよろけ縞**という伝統的な文様で、臙脂色は、黒みを帯びた深く濃い紅色。

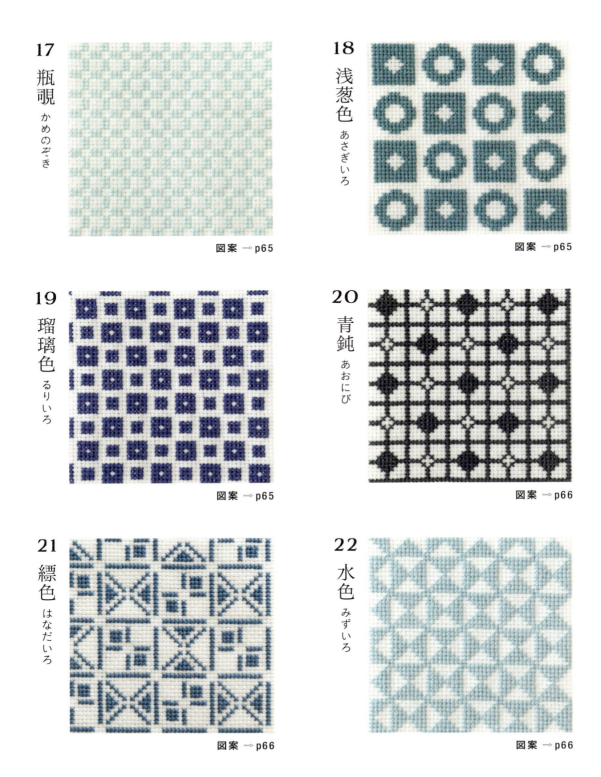

17 瓶覗 かめのぞき　図案 → p65

18 浅葱色 あさぎいろ　図案 → p65

19 瑠璃色 るりいろ　図案 → p65

20 青鈍 あおにび　図案 → p66

21 縹色 はなだいろ　図案 → p66

22 水色 みずいろ　図案 → p66

青系の色を作る「藍染め」では、瓶（かめ）に入れた染料に繰り返し浸けることで色を濃くしていきます。瓶覗は少し浸しただけ（＝覗いただけ）という意味合いでつけられた、やわらかく淡い青色です。また、瓶に張った水面に映った空の色という説もあります。藍色より薄く鮮やかな浅葱色より濃いのが縹色。

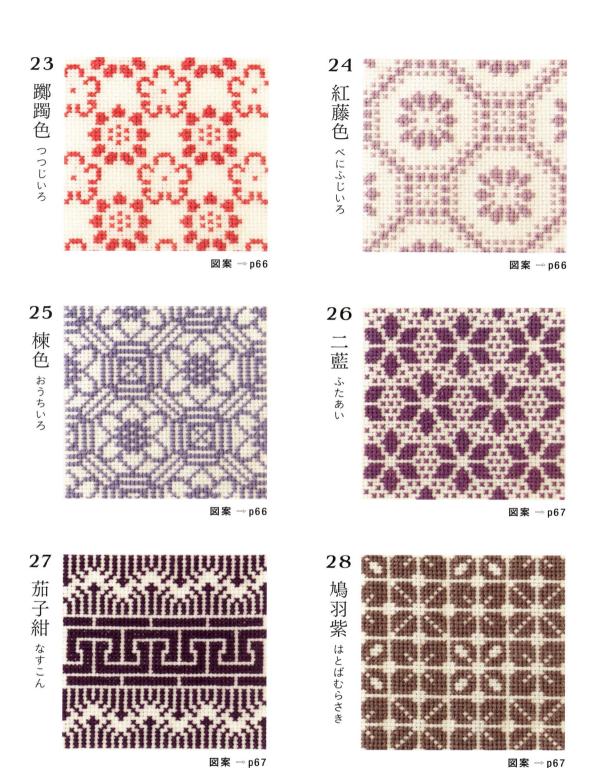

24は**蜀江**、**27**は**菖蒲革**という伝統的な文様です。
棟色は薄い青紫の花（センダン）の色のこと。二藍は、藍と紅花の色が重なった明るく渋い青紫色、鳩羽紫は鳩の羽のような灰色がかった薄い青紫色です。

29 藍鼠 あいねず	図案 → p67
30 空色鼠 そらいろねず	図案 → p67
31 利休鼠 りきゅうねず	図案 → p67
32 茶気鼠 ちゃけねず	図案 → p68
33 鉛色 なまりいろ	図案 → p68
34 丼鼠 どぶねずみ	図案 → p68

グレーを表す鼠色には多くの種類があります。青みがかったもの、緑がかったもの、茶色がかったものなど、鼠色がどんな色に近いかによって、色名がつけられています。緑がかった鼠色の利休鼠は江戸時代後期の流行色の一つです。

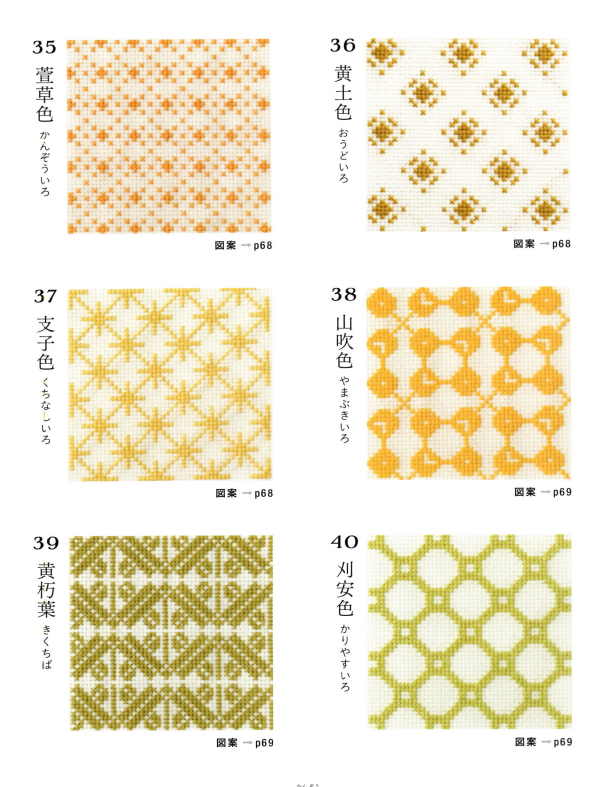

35 萱草色 かんぞういろ　図案 → p68

36 黄土色 おうどいろ　図案 → p68

37 支子色 くちなしいろ　図案 → p68

38 山吹色 やまぶきいろ　図案 → p69

39 黄朽葉 きくちば　図案 → p69

40 刈安色 かりやすいろ　図案 → p69

黄、緑系の糸で、割付柄や縞文様を刺しました。萱草は別名忘れ草といわれる植物で、この花の黄みがかった明るい橙色を萱草色といいます。刈安はすすきに似た穂をつける植物で、黄色の染料となる植物。赤みがないすっきりとした鮮やかな黄色に染まります。

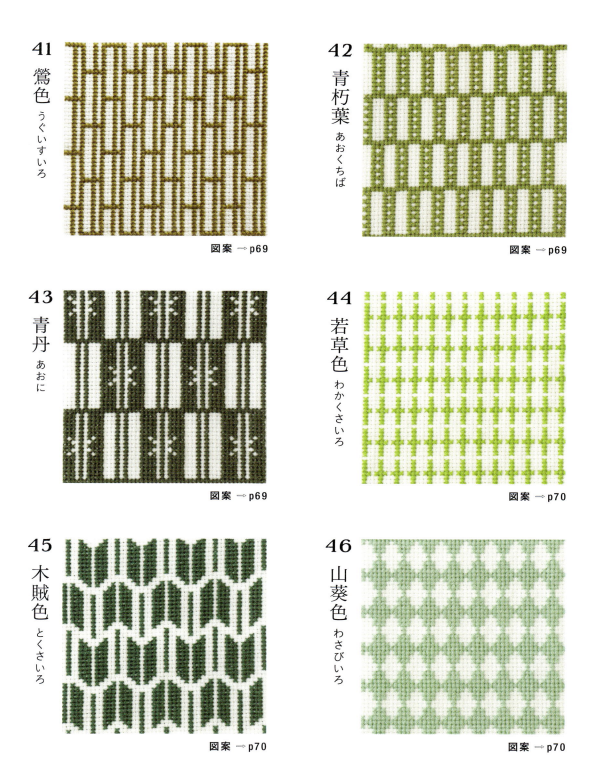

41 鶯色 うぐいすいろ　図案 → p69

42 青朽葉 あおくちば　図案 → p69

43 青丹 あおに　図案 → p69

44 若草色 わかくさいろ　図案 → p70

45 木賊色 とくさいろ　図案 → p70

46 山葵色 わさびいろ　図案 → p70

青丹の「青」は緑、「丹」は土のことで、古くに顔料として使われた粘土のような鈍い黄緑色のことをいいます。木賊はシダ植物。この茎のような濃い緑色を指します。古くから用いられた色ですが、江戸中期頃に流行色となりました。

配色の楽しみ

二色以上を組み合わせたり、同じ図案で配色を変えて刺してみると
違った表情が生まれ、別の文様として楽しめます。

《 図案を二色で楽しむ 》

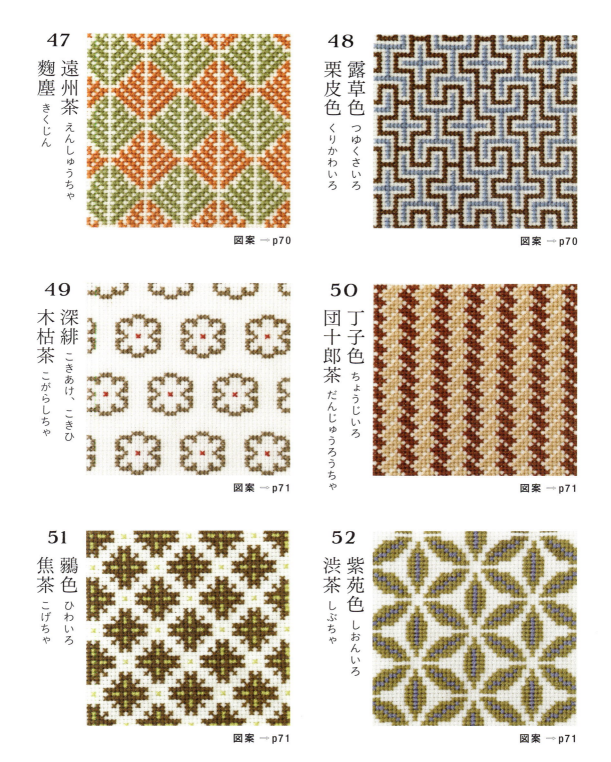

47 遠州茶 えんしゅうちゃ / 麹塵 きくじん　図案→p70

48 露草色 つゆくさいろ / 栗皮色 くりかわいろ　図案→p70

49 深緋 こきあけ、こきひ / 木枯茶 こがらしちゃ　図案→p71

50 丁子色 ちょうじいろ / 団十郎茶 だんじゅうろうちゃ　図案→p71

51 鶸色 ひわいろ / 焦茶 こげちゃ　図案→p71

52 紫苑色 しおんいろ / 渋茶 しぶちゃ　図案→p71

麹塵は灰色がかった黄緑色。麹黴のような色ともいわれます。遠州茶は赤みの鈍い橙色。茶人・小堀遠州が好んだことから、このように呼ばれます。団十郎茶は江戸時代の歌舞伎役者・市川團十郎が「成田屋」の茶色として用いた明るい薄めの茶色。丁子色は香辛料の丁子のつぼみで染めて作る、ほんのりと赤みがかった黄色です。鶸は冬鳥。鮮やかな羽色にちなみ、色の強い萌黄色を鶸色といいます。

《 一つの図案をさまざまな配色で楽しむ 》

26(p13)と同じ図案で

53は**26**の色を反転させたもの。**54〜56**は三色を使って同じ図案の配色違いを刺しました。色は、**26**と同じ二藍に、桃色と麹塵を合わせました。

53

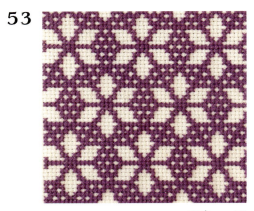

図案 → p71

54

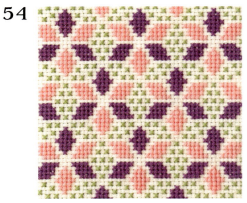

図案 → p71

55

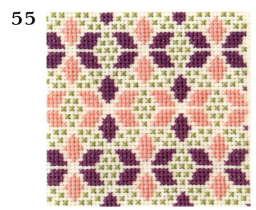

図案 → p72

56

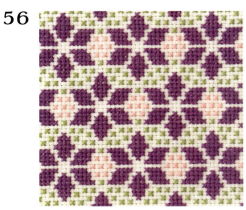

図案 → p72

39（p16）と同じ図案で

57は39の色を反転させたもの。58〜60は三色を使って同じ図案の配色違いを刺しました。色は、39と同じ黄朽葉に、小豆色と海松色を合わせました。

57

図案 ⇒ p72

58

図案 ⇒ p74

59

図案 ⇒ p72

60

図案 ⇒ p72

和の色で刺す
植物図案

色名には植物の名前もよく使われます。
植物は単純なモチーフとしても
デザイン化され、連続文様としても、広く愛されてきました。

61 蒲公英色 たんぽぽいろ

図案 ⇒ p73

蒲公英色はたんぽぽの花のような鮮やかで春らしいあたたかな黄色のこと。たんぽぽは季節としては春。春先の着物の文様として使われます。

62
女郎花
おみなえし

図案 → p73

63
承和色
そがいろ

図案 → p74

秋の七草の一つ女郎花は夏着物の文様として好まれます。菊は秋の花ですが、縁起がよい吉祥文様として通年用いられる文様です。承和色とは、少しくすんだ黄色のこと。平安時代・承和年間の仁明天皇が黄色い菊を大変好み、黄色が流行したといいます。「そがいろ」という呼び名は、年号の「じょうわ」がなまったものとされています。

64
桔梗色
ききょういろ

図案 → p75

65
杜若色
かきつばたいろ

図案 → p75

桔梗は秋の七草の一つ。杜若の花が咲く季節は四〜五月頃ですが、夏の着物や帯にも用いられます。

66
菫色
すみれいろ

図案 → p76

67
撫子色
なでしこいろ

図案 → p74

菫は春の花。撫子は秋の七草の一つとして夏着物に用いられます。どちらも道端で見かけることができる素朴な野の花で、可憐な印象の文様です。

68 薔薇色 ばらいろ

図案 ⇒ p77

薔薇は中国から伝わってきた植物で、平安時代から日本でも見られましたが、色名として、また、きものの文様としては、近・現代になってからよく使われるようになりました。

69 牡丹色 ぼたんいろ

図案 → p76

牡丹は「百花の王」として幸福や富貴を表し、春以外の季節でも吉祥文様として用いられます。紫がかった紅色の牡丹色は、色名としては江戸時代になってから定着したといわれています。

70 黄水仙 きずいせん

図案 → p78

濃黄色が美しい水仙の花を、繰り返し配置して文様化した図案。水仙は冬の花として、また「仙」の字が吉祥を意味することから、新春に縁起のよい花とされていますが、黄水仙はやや遅咲きです。

71 石蕗色 つわぶきいろ

図案 → p79

花だけでなく葉の存在感もある石蕗を、上下を変えて規則正しく配置した図案。蕗に似た葉につやがあることから「つやぶき」と呼ばれ、それが変化して「つわぶき」になったといわれています。

72 千歳緑 ちとせみどり

図案 → p80

松の葉のように深く濃い緑色が千年経っても変わらないという縁起のよい色。長寿を表す松を文様化して、千歳緑の色で刺しました。

73 青竹色 あおたけいろ

図案 ⇒ p81

まっすぐにのびる竹の文様を、明るく濃い冴えた緑の青竹色で刺しました。これより薄めの色は若竹色、ややくすみがかった色を老竹色といいます。煤竹色（p11）が江戸前期に広く普及し、中期に青竹色が、明治に老竹色、若竹色が生まれたとされています。

74 紅梅色 こうばいいろ

図案 → p82

初春を告げる花、梅。その梅の花の、やや紫がかったピンク色が紅梅色。梅は古くから長く愛されてきたモチーフで、文様化された図案もさまざまです。

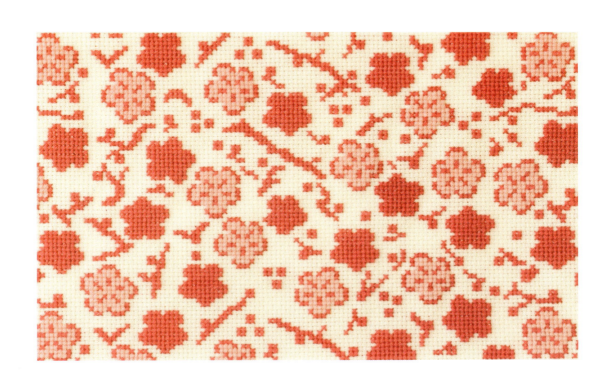

75 梅重 うめがさね
薄紅梅 うすこうばい

図案 → p84

梅が重なり合い、紅梅色よりも少し濃い色なのが梅重。反対に紅梅色よりも少し淡い薄紅梅。同系色の濃淡を組み合わせる色合わせは「匂」と呼ばれ、伝統的な配色とされています。

76 桜色 さくらいろ

図案 → p85

紅色の中で、最も淡い色とされ、ほんのりと紫みがかった薄い赤色。桜の文様とともに、日本の春を代表する色ともいえます。

77
舛花色 ますはないろ
水浅葱 みずあさぎ
図案 → p86

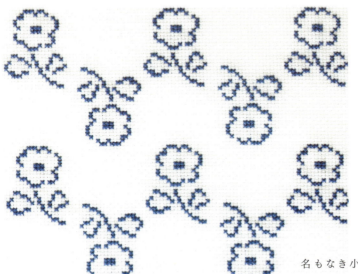

78
藍色 あいいろ
図案 → p83

名もなき小さな花文様を刺しました。江戸後期、歌舞伎役者の五代目・市川團十郎が、当時流行の浅葱色（あさぎ）に渋みを加えたのがはじまりとされる舛花色（ますはな）。灰色がかった淡い青色です。市川家の家紋「三舛（みます）」と縹色（はなだ）の別名「花色」からその名を取っています。

79 新橋色 しんばしいろ

図案 → p88

規則的に並んだ花のモチーフが繰り返し配され、きものの文様として使われていましたが、一つ一つを抜き出して刺しても可愛い図案。新橋色は東京・新橋の芸者に好まれた色として、明治中期頃から大正にかけて流行した色です。

80 長春色 ちょうしゅんいろ
銀鼠 ぎんねず

図案 ⇒ p90

上下を向いた花を円の中に入れて並べ、幾何学模様として楽しめる図案。長春色は少し灰色がかった鈍い色味のピンク色で英語ではオールドローズ。大正時代に流行しました。中国から伝わった薔薇の名前「長春花」に由来しています。

和の色で刺す
伝統的なモチーフを使った文様

きものの文様には、古くから日本で親しまれてきた伝統的なモチーフがあり、植物と組み合わせたものも多くあります。

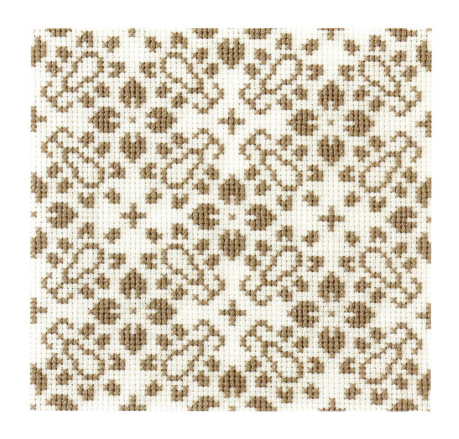

81 梅鼠 うめねず
図案 → p87

菱形の花のまわりに葉がたすき状になっている小葵(こあおい)と呼ばれる文様で、高貴な身分の人が用いる有職(ゆうそく)文様の一つ。梅鼠は、紅梅色のような赤みがほんのりと入った鼠色です。

82 御所染 ごしょぞめ

図案 → p92

曲線で雲、蒸気が湧き立ちのぼっていく様をあらわした立涌文様。その一部が躑躅の葉となっている躑躅立涌です。1600年代中頃、女院の御所で好んで染められた色合いが御所染。やや鈍さのある紅梅色で落ち着いた色合いが上品です。

83 葡萄色 えびいろ

図案 → p93

正倉院に残る日本最古といわれる絹織物にほどこされた葡萄唐草の文様をモチーフにした図案。豊穣の象徴である葡萄の実と蔓、葉がデザインされています。葡萄はかつては「えび」と読み、「葡萄葛」（山葡萄）を指しました。葡萄色は山葡萄の熟した実のような色で、江戸時代中期頃からぶどういろと呼ばれるようになりました。

84 小豆色 あずきいろ

図案 → p94

茶色がかった紫色を指す小豆色は、江戸時代から色名として広く使われました。小豆の赤い色は祈願の色ともされ、お祝いごとや年中行事に欠かせないものでした。

85 海松色 みるいろ

図案 ⇒ p96

色名にもなっている海松は海藻の一種。暗く深い緑色をしています。平安時代頃から、このような丸い形に図案化され、海松丸と呼ばれる文様が用いられるようになりました。

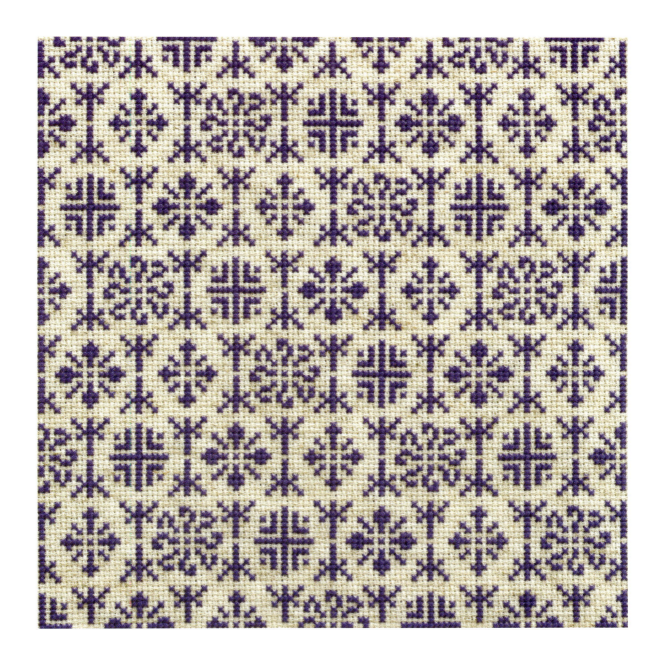

86 江戸紫 えどむらさき

図案 → p97

青みがかった紫である江戸紫はその名の通り、江戸で染められた紫色。京都で染められる美しい「京紅」という色に対し、江戸の紫染めが美しいという表現からつけられています。文様は角亀甲。八角形の亀甲文様に角がついた伝統的な文様です。

和の色で刺す
動物図案

きものに使われる動物図案は、繰り返して文様化されることで
親しみやすく可愛らしい印象になっています。

87 狐色 きつねいろ
図案 → p87

五穀豊穣の神さまであるお稲荷さんのおつかいとされる狐が飛び跳ねる図案。あられ文様とともに配した狐詰めと呼ばれる文様。江戸小紋などに用いられました。

88 雀色 すずめいろ

図案 → p98

羽根の間に空気を入れて丸くふくらんだ姿が愛らしく、「福良」の文字をあてて縁起柄として親しまれてきた福良雀の図案。

89
藤色
ふじいろ

図案 ⇒ p99

90
水縹
みはなだ

図案 ⇒ p100

91
群青色
ぐんじょういろ

図案 → p101

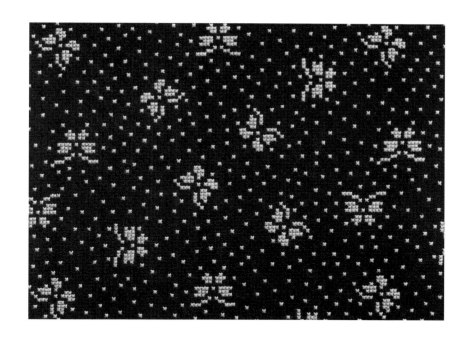

92
霞色
かすみいろ

図案 → p102

蝶は身分の高い人たちの衣装に使われる有職文様とされる一方で、青虫から一度死んだようなさなぎとなり羽化して蝶となって舞う姿から、不死の象徴として武士たちにも好まれ、家紋にもよく使われたため、さまざまな蝶の図案が生まれました。

93 紺色 こんいろ

図案 → p104

春を告げる渡り鳥であるつばめは商売繁盛や縁結びの象徴として、鶴や雀とともに好まれたモチーフです。

94 松葉色 まつばいろ

図案 ⇒ p103

羽を広げて丸く図案化された鶴の丸は、家紋としても非常に多く用いられました。また、松葉も縁起物として、鶴とともに配されることが多いモチーフです。

和の色、和の文様を あしらった小物

一色で楽しんだり、多色で楽しんだり。
繰り返しの文様を刺繍したり、
モチーフの一つを抜き出して使ったり。

ファスナーポーチ

作り方 ⇒ p106

繰り返しの花の文様（01）をポーチのセンターに。上下に植物を思わせる模様を配置しました。花の文様は曙色（あけぼのいろ）と木枯茶（こがらしちゃ）、上下の模様は若草色（わかくさいろ）と露草色（つゆくさいろ）を使用しています。

がまぐちバッグ

作り方 ⇒ p108

花の文様（78）をカラフルな配色でがまぐちに。花はピンク系の桜色（さくらいろ）と桃色（ももいろ）、紫系の紫苑色（しおんいろ）と菫色（すみれいろ）を使用。いずれも花の名前がついた色名です。花の中心は黄水仙（きずいせん）、茎と葉は青朽葉（あおくちば）です。

a………

………b

ランチョンマット
作り方 → p110

下の文様は菊と唐草を組み合わせ
たきもの模様。柔色(くわいろ)で刺しました。
もう一枚は、薄藤色(うすふじいろ)です。

コースター

作り方 → p109

さまざまなモチーフが連続している
きもの模様（**79**）から、モチーフを
一つずつ取り出し、コースターに。
茄子紺（**a**）、柿色（**b**）、躑躅色（**c**）
で刺繍した布と、洗えるフェルトと
を組み合わせて、カラフルに仕立て
ました。

a………

………b

………c

クロスステッチの基本

和の色で刺すきもの模様をクロスステッチで楽しむための基本レッスンです。
基本を押さえてから、自分が作業しやすいようにアレンジしていきましょう。

《道具と材料》

A 刺繍糸
素材やサイズ、色、よってある糸の本数など、さまざまな種類があります。1本ずつにばらして必要な本数を重ね合わせて使います。本数は、布のカウント数やデザイン、図案によって変えるとよいでしょう。本書では、細い糸が6本よってあるDMC25番刺繍糸を2本使っています（2本どり）。

B 針
布の織り糸の間に針先が入りにくい、クロスステッチ専用の先の丸い針を使います。号数が大きいほど針の太さが細く、針穴が小さくなります。刺繍糸の本数や布のカウント数などに合わせ、刺した後に穴が目立たない号数を選びましょう。本書ではDMCクロスステッチ針24号を使っています。

C 刺繍枠
枠に布を挟んで布を張り、針を刺しやすくします。いろいろなサイズがあるので、図案に合わせて使いやすい大きさのものを準備します。

D はさみ
刃先の細いものが、糸を始末するのに便利です。

E 布
クロスステッチは布に図案を写さず、布目を数えながら刺していくため、クロスステッチ専用の布を使います。1インチ（約2.5cm）あたりの布目の数を示す、カウント（ct）数が大きい布ほど、布目は細かくなり、小さなサイズの刺繍に仕上がります。本書では16カウント（10cmあたり約64目）のアイーダを使っています。

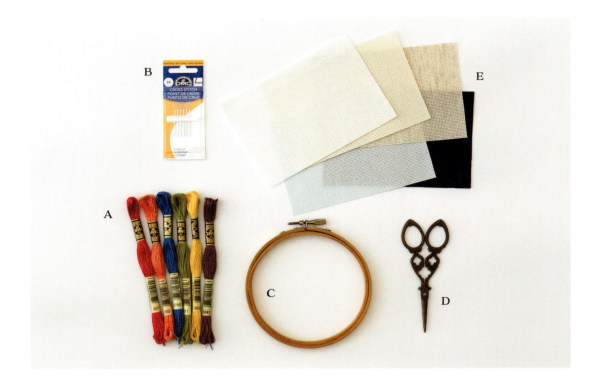

《刺繡糸の扱い方》

◎ 糸の準備

1. 刺繡糸の2つのカセのどちらかに糸端が出ています。ラベルをつけたままゆっくりと糸端を引き、50cm程度で切ります。
2. よってある糸をほぐし、1本ずつ必要な本数を引き抜いて使います。1本ずつ抜き取り、重ね合わせて使うことで、ふっくらとした仕上がりになります。

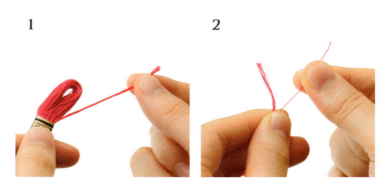

◎ 針穴に通す

1. 針の頭を糸に引っかけて糸を折り返し、指で少し押さえつけながら針を抜いて、糸に折り目をつけます。
2. 糸の折り目をそのまま針穴に通せば、スムーズに通ります。

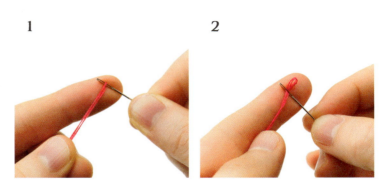

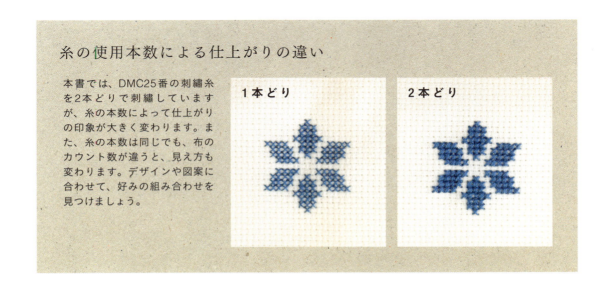

糸の使用本数による仕上がりの違い

本書では、DMC25番の刺繡糸を2本どりで刺繡していますが、糸の本数によって仕上がりの印象が大きく変わります。また、糸の本数は同じでも、布のカウント数が違うと、見え方も変わります。デザインや図案に合わせて、好みの組み合わせを見つけましょう。

1本どり / 2本どり

《クロスステッチの刺し方》

◎ 横に進む場合

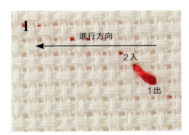

1[出]→2[入]の順で1針進めます。

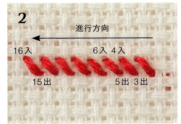

最初に刺した目の左側に進みます。針は常に同じ向きに動かします。

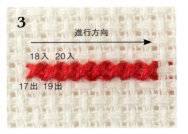

端まできたら、／を重ねて×にしながら右側に戻っていきます。クロスステッチは必ず、×の糸の重なりが同じになるように刺しましょう。

◎ クロスの重なり方

クロスステッチは、作品全体を通して糸の重なり方が一定方向であるように仕上げます。本書では、／が上になるように刺繍していますが、逆に＼が上でもかまいません。必ず統一して刺繍しましょう。

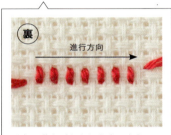

※糸の動きがわかりやすいように、はじまりの糸の始末をしていません

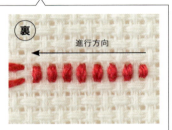

※糸の動きがわかりやすいように、はじまりの糸の始末をしていません

◎ 縦に進む場合

横に進む場合と異なり、×を1つずつ刺して進みます。1[出]→2[入]の順で1針進めます。

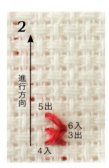

3[出]→4[入]と針を動かし、／を重ねます。上に進み、5[出]→6[入]と針を動かします。
※6は3と同じ穴です

※糸の動きがわかりやすいように、はじまりの糸の始末をしていません

×を1つずつ刺し、上に進みます。

※糸の動きがわかりやすいように、はじまりの糸の始末をしていません

《ストレートステッチとフレンチノットステッチの刺し方》

◎ストレートステッチ

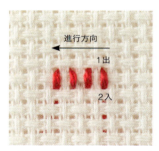

1［出］→2［入］の順で1針ずつ同じ方向に進めます。

※直線を刺す基本のステッチで、角度をつけて密に刺したり、面をうめることができます

◎フレンチノットステッチ（2回巻き）

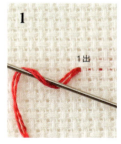

1 針を裏から出し、針に左手で糸を2回巻きつけます。

※玉を作るステッチで、針に糸を巻きつける回数が多いほど、大きな玉になります

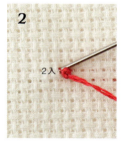

2 1［出］の脇に垂直に刺します。強く糸を引いたり、1と同じ穴に刺したりすると、玉が布の裏に抜けてしまう場合があるので注意します。

3 出来上がり。

《糸の始末の仕方》

◎刺しはじめの糸端の始末

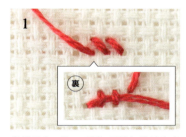

1 糸端を2〜3cm残して刺しはじめます。クロスステッチでは、糸端は玉結びにせず、刺繍をしながら裏にわたる糸にからませて処理します。

2 裏に糸がわたるときに、糸端を一緒に押さえるように進みます。

3 残した糸端がとまったところ。

◎刺し終わりの糸端の始末

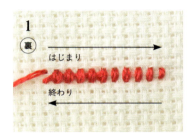

1 刺し終わったところ。

※刺しはじめの糸端は始末してあります

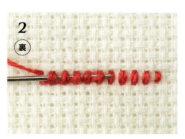

2 刺し終わりの針を、裏にわたっている糸に数か所くぐらせます。

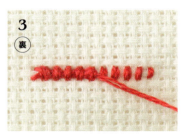

3 針を引き抜き、糸端を切ります。

刺繡糸色見本帖

この本の中で紹介した「和の色名」を一覧にしました。
（　）内には、市販の刺繡糸（DMC25番糸）で近い色番号を紹介しています。

※市販の刺繡糸に色名がついているわけではありません。

桜色 (963)
さくらいろ

長春色 (3833)
ちょうしゅんいろ

鴇色 (朱鷺色)
(3779) ときいろ

撫子色 (605)
なでしこいろ

梅重 (3832)
うめがさね

曙色 (352)
あけぼのいろ

桃色 (3716)
ももいろ

紅 (321)
くれない

柿色 (721)
かきいろ

躑躅色 (3805)
つつじいろ

深緋 (304)
こきあけ、こきひ

紅葉色 (921)
もみじいろ

薔薇色 (601)
ばらいろ

臙脂色 (221)
えんじいろ

朱色 (350)
しゅいろ

紅梅色 (962)
こうばいいろ

小豆色 (315)
あずきいろ

茜色 (3328)
あかねいろ

薄紅梅 (761)
うすこうばい

御所染 (3727)
ごしょぞめ

蘇芳色 (3722)
すおういろ

珊瑚色 (760)
さんごいろ

牡丹色 (3607)
ぼたんいろ

承和色 (973) そがいろ	石蕗色 つわぶきいろ (307)	若草色 (907) わかくさいろ
蒲公英色 (444) たんぽぽいろ	女郎花 おみなえし (3889)	海松色 (3051) みるいろ
黄水仙 (727) きずいせん	刈安色 かりやすいろ (165)	青丹 (520) あおに
支子色 (3822) くちなしいろ	黄朽葉 きくちば (734)	千歳緑 (3345) ちとせみどり
山吹色 (725) やまぶきいろ	鶯色 うぐいすいろ (732)	松葉色 (986) まつばいろ
黄土色 (3852) おうどいろ	鶸色 (3819) ひわいろ	木賊色 (561) とくさいろ
桑色 (676) くわいろ	青朽葉 (471) あおくちば	青竹色 (911) あおたけいろ
萱草色 (3854) かんぞういろ	麹塵 (3364) きくじん	山葵色 (966) わさびいろ

瓶覗 (747) かめのぞき	水縹 (775) みはなだ	薄藤色 (211) うすふじいろ
水浅葱 (598) みずあさぎ	露草色 (799) つゆくさいろ	藤色 (210) ふじいろ
浅葱色 (807) あさぎいろ	瑠璃色 (798) るりいろ	二藍 (208) ふたあい
縹色 (3760) はなだいろ	群青色 (797) ぐんじょういろ	桔梗色 (3837) ききょういろ
藍色 (517) あいいろ	杜若色 (792) かきつばたいろ	茄子紺 (550) なすこん
紺色 (3750) こんいろ	江戸紫 (333) えどむらさき	葡萄色 (3834) えびいろ
青鈍 (930) あおにび	菫色 (3746) すみれいろ	鳩羽紫 (3041) はとばむらさき
舛花色 (3810) ますはないろ	紫苑色 (340) しおんいろ	紅藤色 (554) べにふじいろ
新橋色 (3766) しんばしいろ	楝色 (155) おうちいろ	霞色 (3743) かすみいろ
水色 (3761) みずいろ		

渋茶 (370) しぶちゃ	狐色 (782) きつねいろ	梅鼠 (452) うめねず
煤竹色 (830) すすたけいろ	丁子色 (738) ちょうじいろ	銀鼠 (318) ぎんねず
焦茶 (869) こげちゃ	胡桃色 (422) くるみいろ	藍鼠 (317) あいねず
檜皮色 (433) ひかわいろ	木枯茶 (840) こがらしちゃ	鉛色 (414) なまりいろ
雀色 (632) すずめいろ	栗皮色 (3882) くりかわいろ	空色鼠 (932) そらいろねず
団十郎茶 (400) だんじゅうろうちゃ	鳶色 (838) とびいろ	丼鼠 (646) どぶねずみ
遠州茶 (3776) えんしゅうちゃ	茶気鼠 (451) ちゃけねず	利休鼠 (647) りきゅうねず
金茶 (976) きんちゃ		

◎色名は、漢字や読み方を含め、複数の表記方法がありますが、この本では『定本 和の色事典』（視覚デザイン研究所）を参考にしています。

◎紹介した色名に最も近いと思われる刺繍糸の色番号を記載しています。使用した刺繍糸はDMC25番刺繍糸ですが、商品自体には色名はついていませんので、ご注意ください。

掲載文様の図案

この本に掲載した文様は、すべて実際に使われていた伊勢型紙を参考に、クロスステッチの図案にしたものです。ただし、刺繍用として、一模様の大きさがあまり大きくならないように、型紙本来の模様配置を調整したものもあります。

◎刺繍糸はDMC25番刺繍糸を使用しています。

◎紹介した色名に最も近いと思われる刺繍糸の色番号を記載しています。市販の刺繍糸自体に色名はついていませんので、ご注意ください。

◎本書掲載の図案において、クロスステッチ部分はすべて刺繍糸2本どりです。

◎布はツヴァイガルトの16カウントアイーダを使用しています。お近くの手芸店やネットショップでお買い求めください。

◎繰り返しの文様については、一模様あたりの目数を入れています。その最小パターンの繰り返しによって文様が成り立っています。掲載図案はその文様を作りやすい最小のパターンと繰り返しの例を示しており、図案と掲載写真の端の切れ方は必ずしも一致しません。

◎糸の使用量の記載があるものは、掲載写真の範囲を刺すにあたり、準備しておきたい束数です。

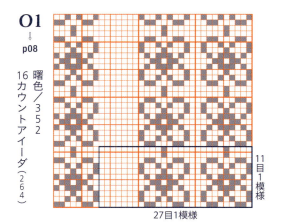

01
↓
p08

曙色／352
16カウントアイーダ（264）

27目1模様
11目1模様

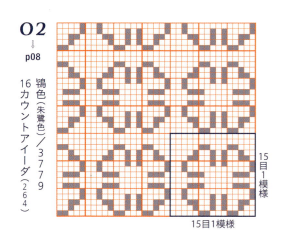

02
↓
p08

鴇色（朱鷺色）／3779
16カウントアイーダ（264）

15目1模様
15目1模様

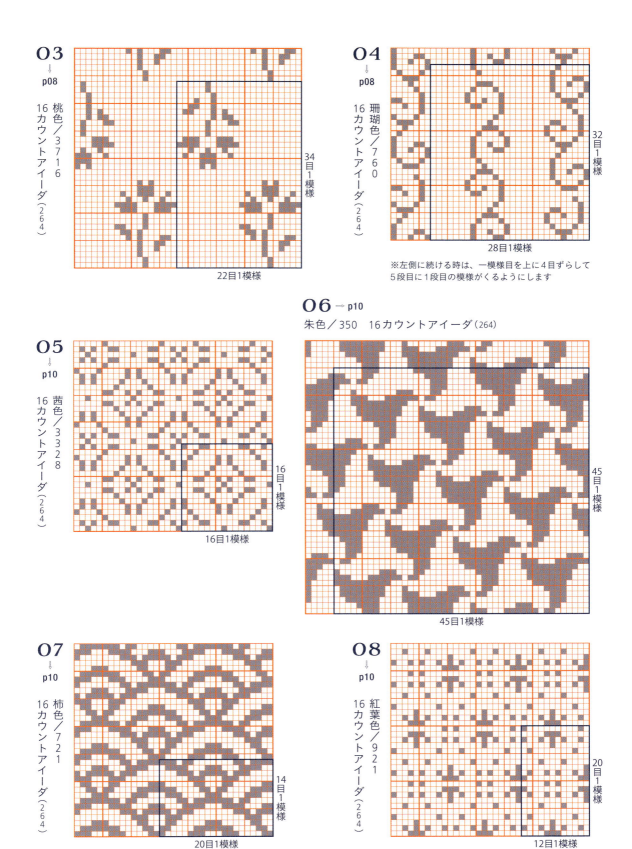

09 → p10
紅／321
16カウントアイーダ(264)

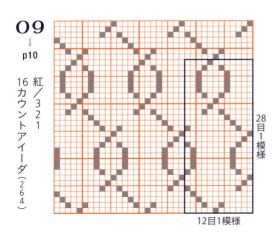

28目1模様
12目1模様

10 → p10
蘇芳色／3722
16カウントアイーダ(264)

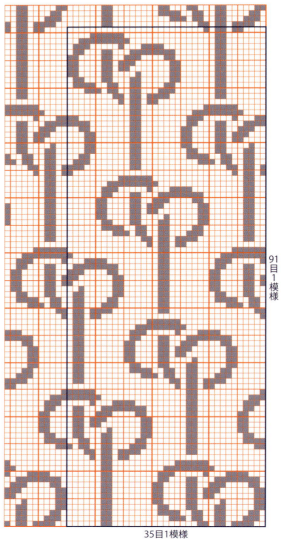

91目1模様
35目1模様

11 → p11
煤竹色／830
16カウントアイーダ(264)

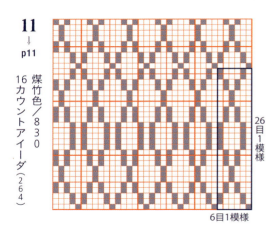

26目1模様
6目1模様

12 → p11
檜皮色／433
16カウントアイーダ(264)

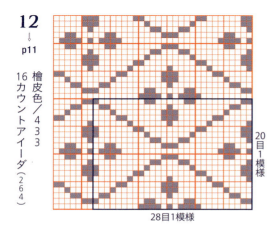

20目1模様
28目1模様

13 → p11
臙脂色／221
16カウントアイーダ(264)

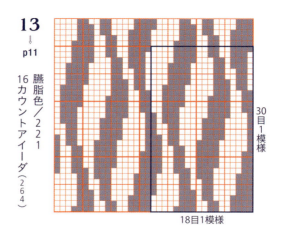

30目1模様
18目1模様

14 → p11 鳶色／838 16カウントアイーダ(264)

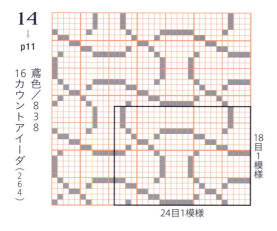

24目1模様 / 18目1模様

15 → p11 胡桃色／422 16カウントアイーダ(264)

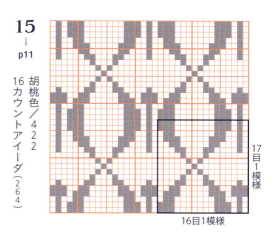

16目1模様 / 17目1模様

16 → p11 金茶／976 16カウントアイーダ(264)

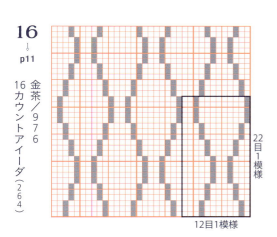

12目1模様 / 22目1模様

17 → p12 瓶覗／747 16カウントアイーダ(101)

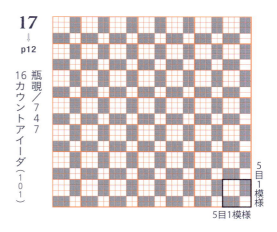

5目1模様 / 5目1模様

18 → p12 浅葱色／807 16カウントアイーダ(101)

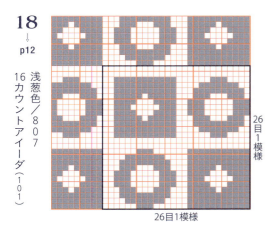

26目1模様 / 26目1模様

19 → p12 瑠璃色／798 16カウントアイーダ(101)

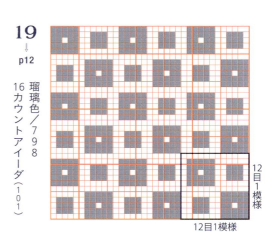

12目1模様 / 12目1模様

26
→ p13
二藍／208
16カウントアイーダ（264）

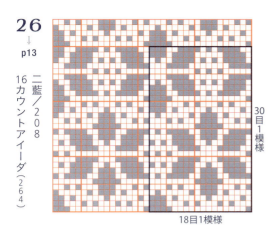

30目1模様 / 18目1模様

27 → p13
茄子紺／550　16カウントアイーダ（264）

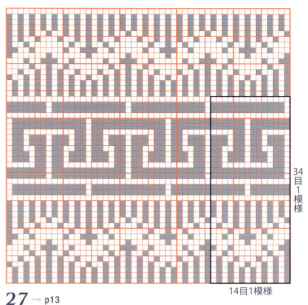

34目1模様 / 14目1模様

28
→ p13
鳩羽紫／3041
16カウントアイーダ（264）

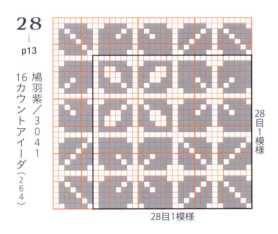

28目1模様 / 28目1模様

29
→ p15
藍鼠／317
16カウントアイーダ（101）

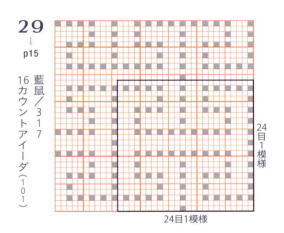

24目1模様 / 24目1模様

30
→ p15
空色鼠／932
16カウントアイーダ（101）

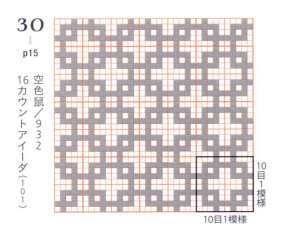

10目1模様 / 10目1模様

31
→ p15
利休鼠／647
16カウントアイーダ（101）

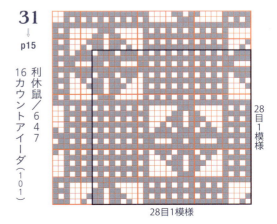

28目1模様 / 28目1模様

32
→ p15
茶気鼠／451
16カウントアイーダ（101）

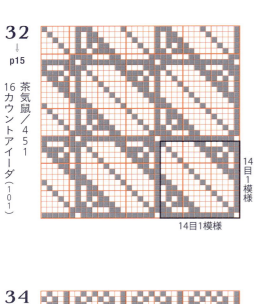

14目1模様

33
→ p15
鉛色／414
16カウントアイーダ（101）

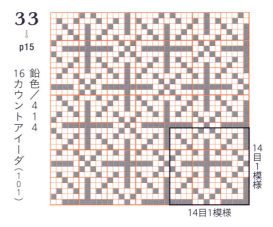

14目1模様

34
→ p15
丼鼠／646
16カウントアイーダ（101）

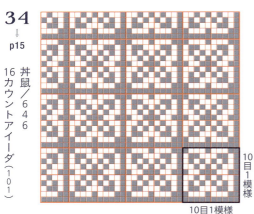

10目1模様

35
→ p16
萱草色／3854
16カウントアイーダ（101）

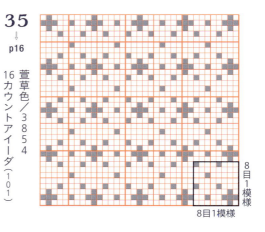

8目1模様

36
→ p16
黄土色／3852
16カウントアイーダ（101）

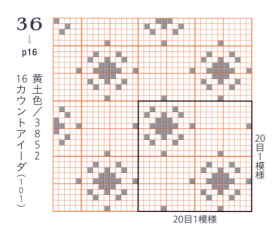

20目1模様

37
→ p16
支子色／3822
16カウントアイーダ（101）

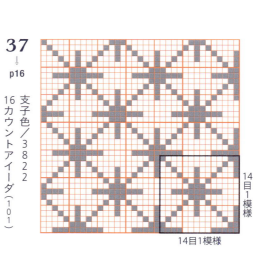

14目1模様

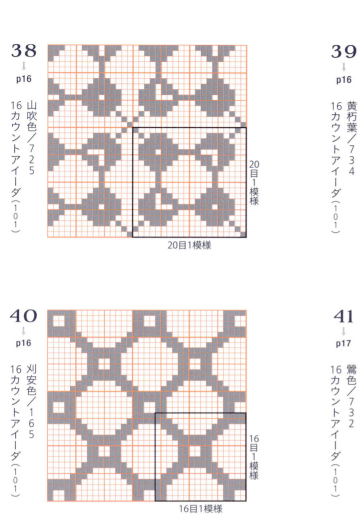
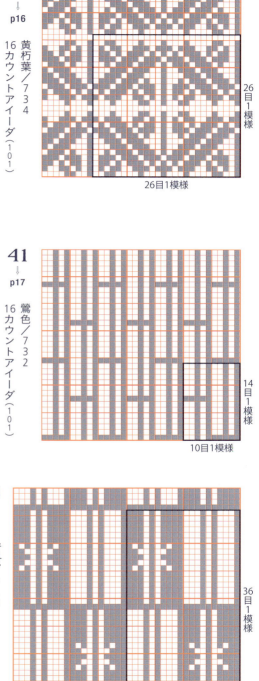
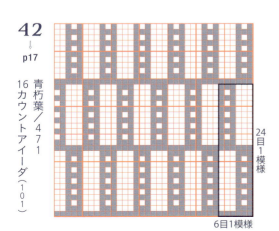
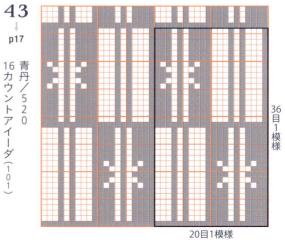

44 → p17 若草色／907 16カウントアイーダ（101）

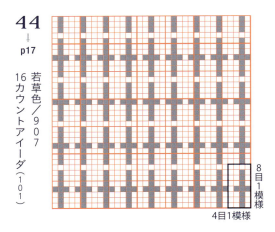

8目1模様 / 4目1模様

45 → p17 木賊色／561 16カウントアイーダ（101）

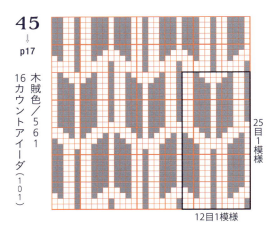

25目1模様 / 12目1模様

46 → p17 山葵色／966 16カウントアイーダ（101）

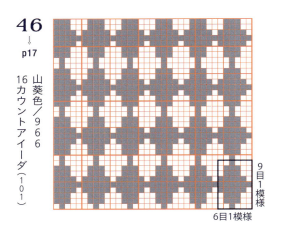

9目1模様 / 6目1模様

48 → p19 露草色／799 栗皮色／3882 16カウントアイーダ（101）

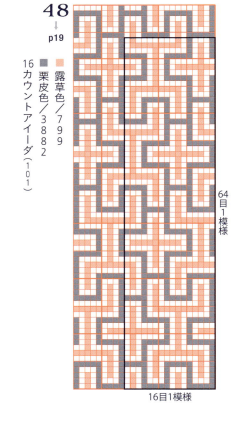

64目1模様 / 16目1模様

47 → p19 麹塵 遠州茶／3364／3776 16カウントアイーダ（101）

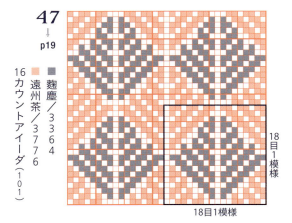

18目1模様 / 18目1模様

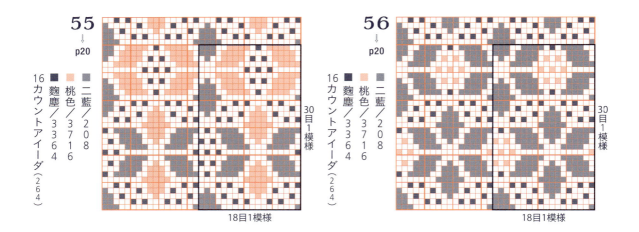
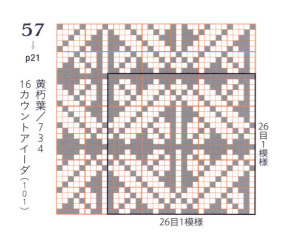
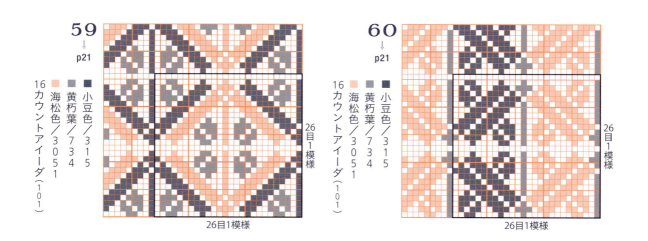

61 ↓ p22
蒲公英色／444
16カウントアイーダ（101）

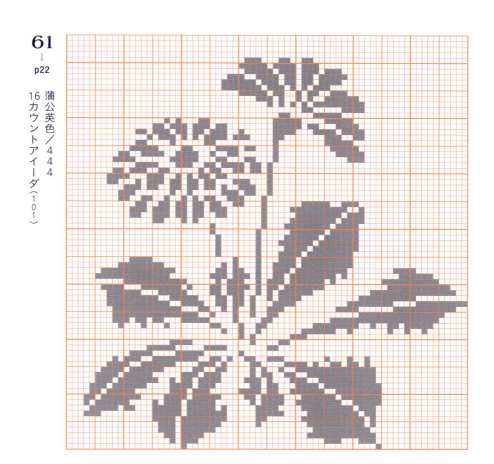

62 ↓ p23
石蕗色／307／フレンチノットステッチ2本どり
女郎花／3889
16カウントアイーダ（589）

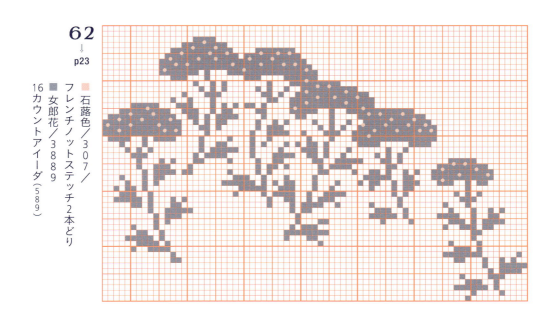

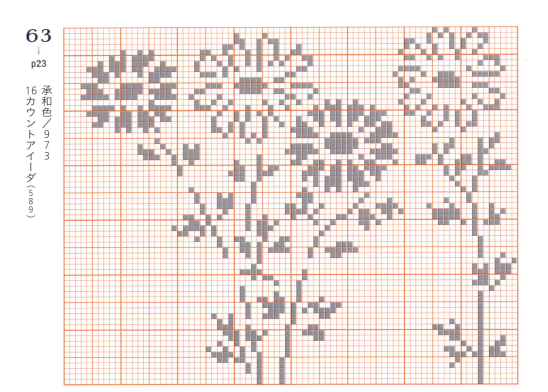

63 ↓ p23
承和色／973
16カウントアイーダ（589）

67 → p25
撫子色／605
16カウントアイーダ（101）

58 → p21
■ 小豆色／315
■ 黄朽葉／734
■ 海松色／3051
16カウントアイーダ（101）

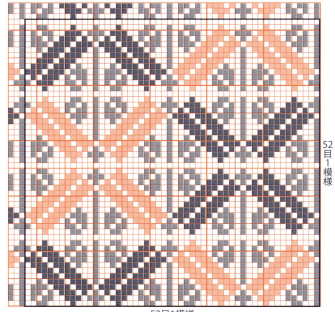

52目1模様

52目1模様

64

→ p24

■ 霞色／3743／ストレートステッチ2本どり
■ 桔梗色／3837
16カウントアイーダ（101）

65

→ p24

■ 杜若色／792
16カウントアイーダ（101）

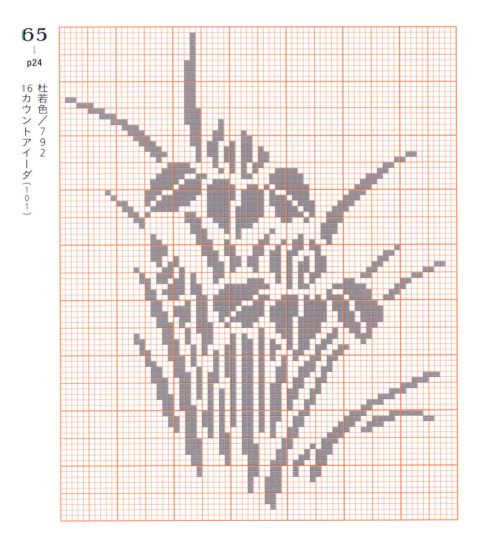

66
→ p25
菫色／3746
16カウントアイーダ(101)

69
→ p27
牡丹色／3607
16カウントアイーダ(101)

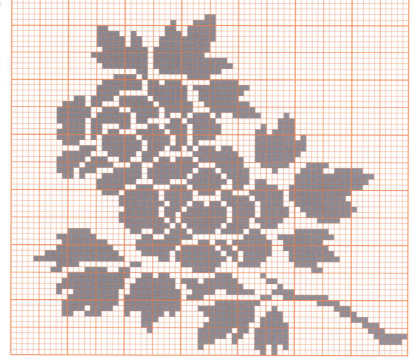

70 → p28

黄水仙／727／5束
16カウントアイーダ(589)

99目1模様

99目1模様

71 → p29

16カウントアイーダ(589)／石鹸色／307／4束

54目1模様
106目1模様

72 → p30

千歳緑／3345／4束
16カウントアイーダ（264）

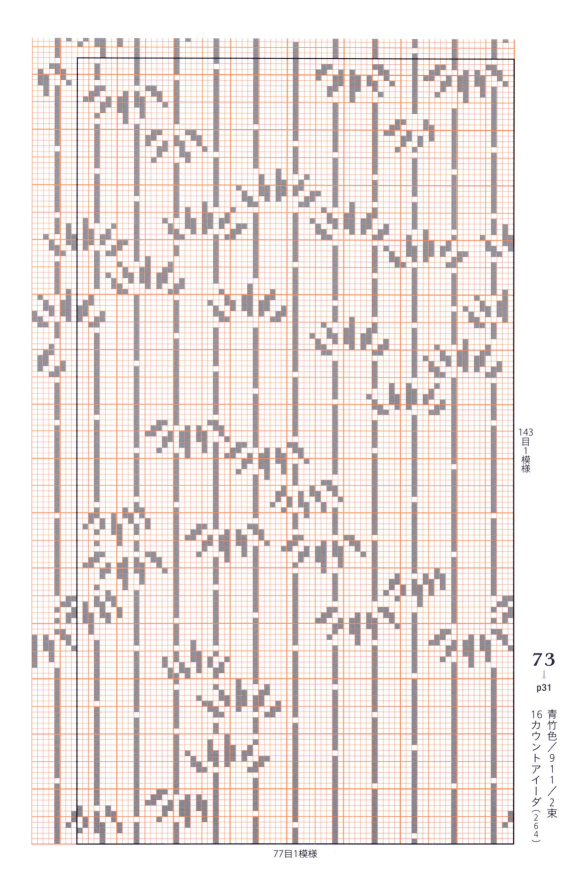

73
↓
p31

青竹色／911／2束
16カウントアイーダ（264）

143目1模様

77目1模様

133目1模様

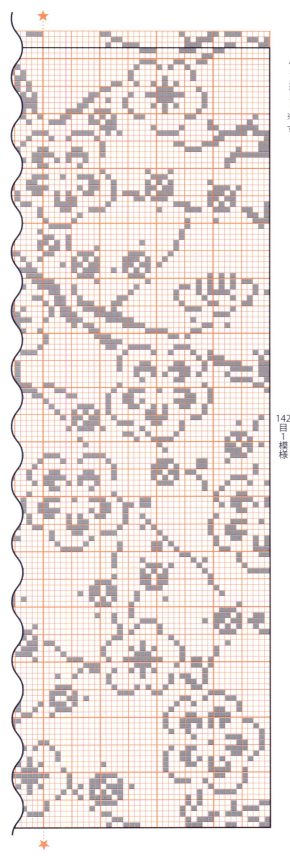

74 → p32

紅梅色／962／3束
16カウントアイーダ(101)

※左側に続ける時は、一模様目を上に66目
ずらして67段目に1段目の模様がくるようにします

142目1模様

78 → p35

藍色／517
16カウントアイーダ(101)

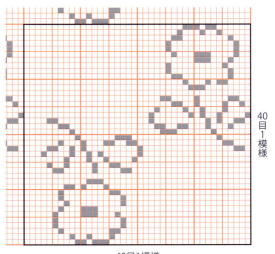

40目1模様

40目1模様

75 → p33

- 薄紅梅 / 1376
- 梅重 / 2384
- カシミヤ / 216
- シュトレーン (2/26) / 4束

111目1模様
65目1模様

87目1模様
89目1模様

76 → p34
桜色／963
16カウントアイーダ(589)
2束

118目1模様

74目1模様

77 → p35

■ 水浅葱／598
■ 舛花色／3810
16カウントアイーダ(101)

81 → p38
梅鼠／452
16カウントアイーダ（101）

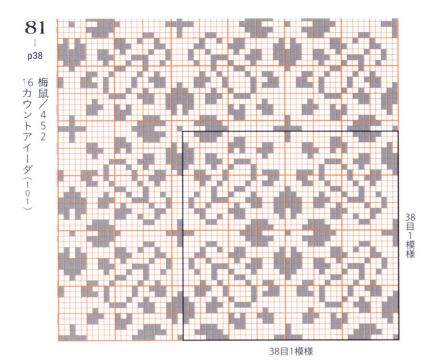

38目1模様
38目1模様

87 → p44
狐色／782
16カウントルスチコアイーダ

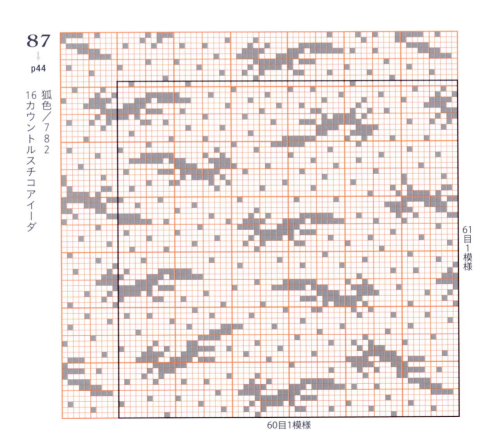

61目1模様
60目1模様

79
→ p36

※作品では、右の図案の並びで、各図案の上下左右を20目ずつあけて刺しています
16カウントアイーダ（101）
新橋色／3766／5束

76目1模様

44目1模様

82 → p39
御所染／3727
16カウントアイーダ(101)

83 → p40
葡萄色／3834／2束
16カウントルスチコアイーダ

84

→ p41

小豆色／315／5束
16カウントアイーダ（101）

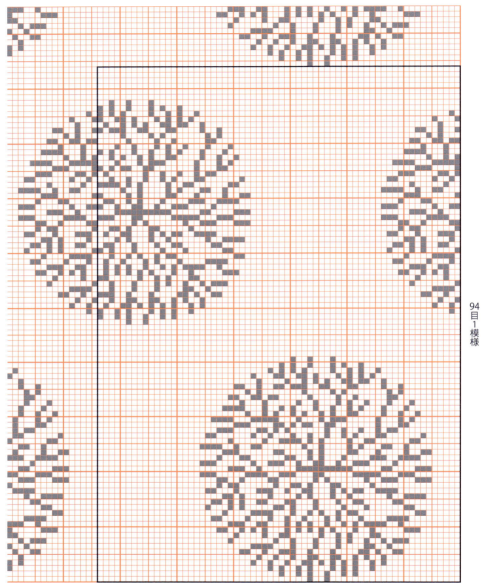

94目1模様

64目1模様

85 → p42
海松色／3051／2束
16カウントアイーダ(101)

128目1模様
72目1模様

86 → p43
江戸紫／333／2束
16カウントルスチコアイーダ

88 p45

雀色
カンシトアイ／6／3／2／1ゲ／2束
(055)

104目1模様

90目1模様

89 →p46 藤色／210／2束
16カウントアイーダ（1o1）

90 → p46
水縹／775
16カウントアイーダ (589)

91 →p47 16群青色/797 カウントアイーダ(101)

92 p47
霞色カントリーゲージ
16/3 7 4 3
(985)

95目1模様
75目1模様

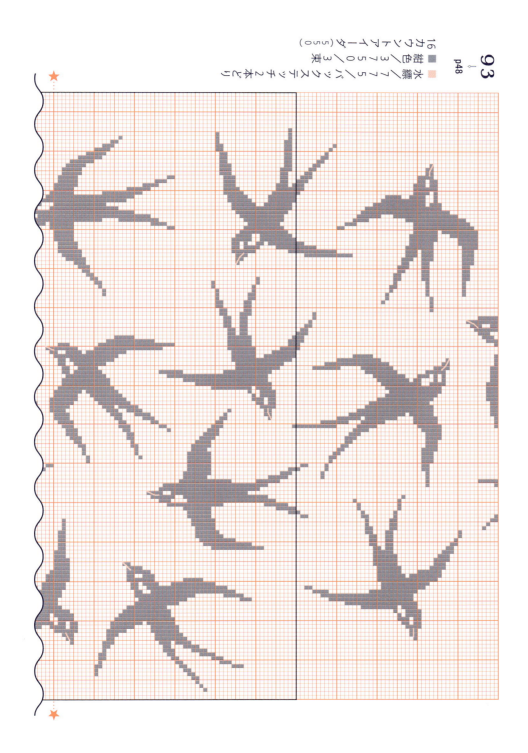

p51
ファスナーポーチ

→ 出来上がりサイズ 縦13cm×横20cm

◎ 材料

表布（16カウントルスチコアイーダ）
……28cm×23cmを1枚

裏布（綿布）……23cm×23cmを1枚

DMC25番刺繍糸（352、799、840、907）
……各1束

ファスナー……20cmを1本

◎ 作り方

1. 表布に刺繍をする。
   ＊図案はp107を参照。ポーチの底面は12目（前6目、後ろ6目）あけ、前と後ろの両面に刺繍する。
2. 表布とファスナーを中表に合わせ、ファスナーの端から0.3cm入ったところを縫う。
3. 表に返し、表布の端から0.2cmのところにステッチをかける。
4. ファスナーの反対側も同様に縫う。
5. 裏に返し、脇を縫う。
6. 裏布を中表にして、両脇を縫う。
7. 表に返した表布の中に裏布を入れ、裏布の口部分の縫い代を内側に折って、ファスナーにまつり縫いでつける。

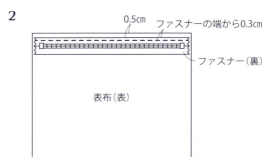

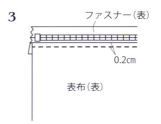

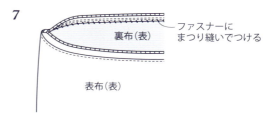

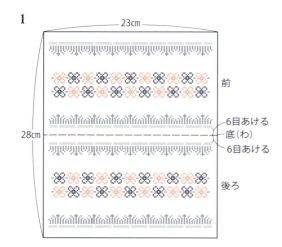

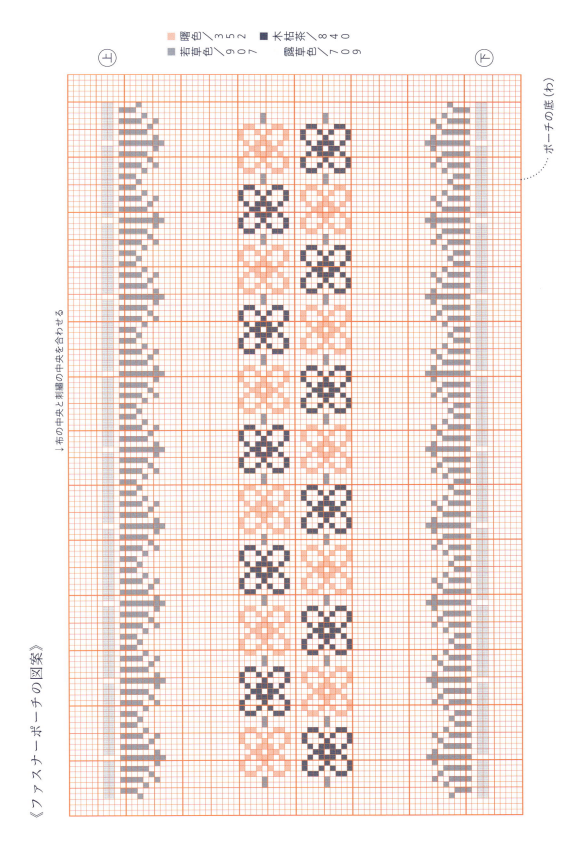

p51
がまぐちバッグ
→出来上がりサイズ　縦18cm×横20cm

◎ 材料

表布（16カウントアイーダ・550）
……33cm×29cmを1枚

裏布（綿布）……33cm×29cmを1枚

DMC25番刺繍糸（340、471、727、963、3716、3743）……各1束

チェーンつき口金……角型（幅18cm）を1個

紙ひも……約30cmを2本

手芸用接着剤

＊表布、裏布の実物大型紙は本の最後に掲載しています。

◎ 作り方

1. 表布に刺繍をする。
   ＊図案はp109を参照。がまぐちの底面は22目（前11目、後ろ11目）あけ、前と後ろの両面に刺繍する。
2. 表布を中表にして、両脇を縫いどまりまで縫う。
3. まちを縫う。
4. 裏布も表布同様に縫う。
5. 表布と裏布を中表に合わせ、返し口を残して入れ口を縫う。
6. 表に返し、返し口をコの字とじでとじる。
7. 口金の溝に接着剤を塗り、入れ口を溝の奥までさし込む。
8. 目打ちなどで紙ひもを溝にさし込む。
9. 口金の端（4箇所）をペンチで締める。このとき、口金に傷がつかないようにあて布をするとよい。

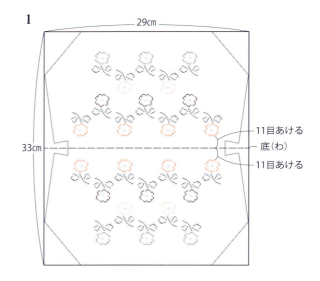

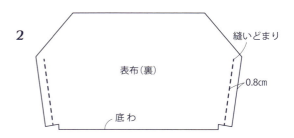

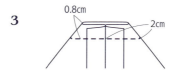

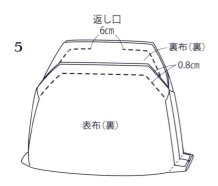

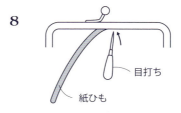

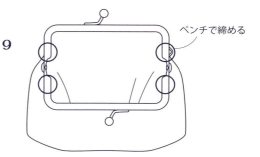

《がまぐちバッグ図案》

↓布の中央と刺繍の中央を合わせる

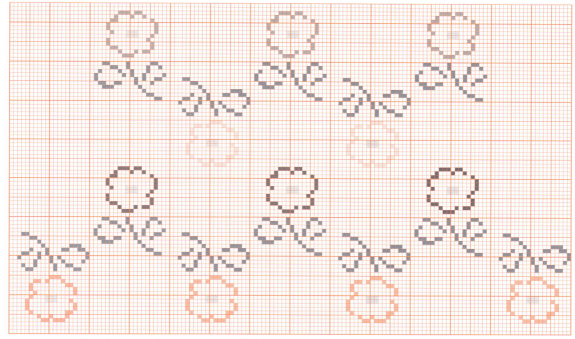

■ 桜色／963　■ 桃色／3716　■ 紫苑色／340　■ 菫色／3746　■ 黄水仙／727　■ 青朽葉／471

p53
コースター

⇒出来上がりサイズ　縦10.2cm×横10.2cm

◎ 材料（1個分）

16カウントアイーダ（**a**/4110、**b**/7600、**c**/550）
　……9cm×9cmを1枚

洗えるフェルト（**a**/臙脂、**b**/紫、**c**/黄緑）
　……18cm×18cmを1枚

DMC25番刺繍糸（**a**/550、**b**/721、**c**/3805）……1束

布用ボンド（洗えるタイプ）

＊実物大型紙は本の最後に掲載しています。

◎ 作り方

1　16カウントアイーダの中央に刺繍をする。

2　フェルトを八角形に2枚切り出す。そのうち1枚は中を八角形に切り抜く。

3　刺繍した布を2より少し小さめの八角形に切る。

4　中を切り抜いたフェルトの裏面（切り抜いた周囲）にボンドを塗る。

5　刺繍した布を裏返し、刺繍が中央になるようにして4の上に貼る。

6　5のフェルト裏面の周囲にボンドを塗る。フェルトのフレームからはみ出さないように注意。もう1枚のフェルトを貼る。

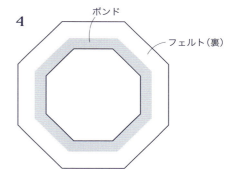

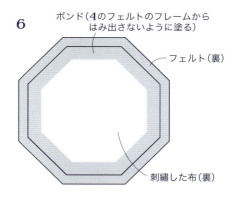

100目1模様

100目1模様

p52
ランチョンマット

→出来上がりサイズ　縦30cm×横46cm

◎ 材料（1枚分）

16カウントアイーダ（**a**/101、**b**/264）……34cm×50cm
DMC25番刺繡糸（**a**/211を5束、**b**/676を3束）

◎ 作り方

1. 16カウントアイーダに刺繡をする。
2. 周囲を縫い代2cmで三つ折りにして、裏でまつる。

a ※目数は仕上がり線から数える

A

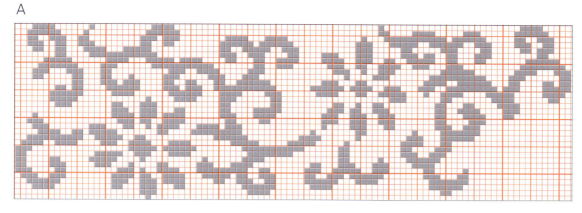

B

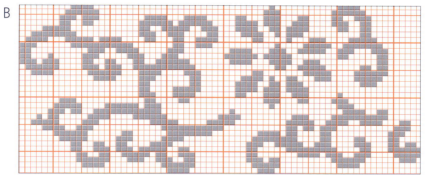

C

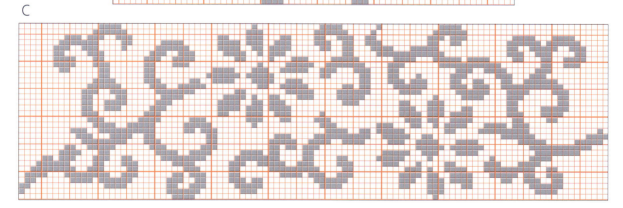

b ※目数は仕上がり線から数える

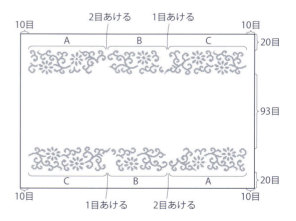

遠藤佐絵子

刺繡家。公益社団法人日本図案家協会準会員。
ヨーロッパ刺繡を学んだ後、日本の伝統文様の美しさに魅せられ、クロスステッチで表現しはじめる。書籍や雑誌などに図案を提供するほか、刺繡教室等の講師、作品展示などを行う。著書に『クロスステッチで楽しむ 和の模様』『クロスステッチで楽しむ レース模様』(ともに小社刊)。

STAFF
デザイン　　　　いわながさとこ
撮影　　　　　　わだりか (mobiile, inc.)
図案・イラスト　ウエイド手芸制作部
刺繡制作協力　　佐藤志穂美
編集協力　　　　鶴留聖代

SPECIAL THANKS
石原尚輝、石原宏子 (一点鐘)

刺繡糸協力
ディー・エム・シー株式会社
03-5296-7831
www.dmc.com (グローバルサイト)

参考文献
『定本 和の色事典』
内田広由紀 (視覚デザイン研究所)

『日本の色辞典』吉岡幸雄 (紫紅社)

『日本の色名』
京都市染織試験場デザイン部 編
(京都市染織試験場)

『京の色百科』
河出書房新社編集部 編 (河出書房新社)

『日本の伝統色 配色とかさねの事典』
長崎巌 監修 (ナツメ社)

『伊勢型紙』
伊勢型紙技術保存会 編
(鈴鹿市教育委員会文化財保護課)

『図録 伊勢型紙』
伊勢型紙技術保存会 (伊勢型紙技術保存会)

クロスステッチで楽しむ
きもの模様

2017年3月30日　初版発行
2022年11月30日　8刷発行

著　者　遠藤佐絵子
発行者　小野寺優
発行所　株式会社河出書房新社
　　　　〒151-0051
　　　　東京都渋谷区千駄ヶ谷2-32-2
　　　　電話　03-3404-8611 (編集)
　　　　　　　03-3404-1201 (営業)
　　　　https://www.kawade.co.jp/
印刷・製本　凸版印刷株式会社

printed in Japan
ISBN978-4-309-28617-4

落丁本・乱丁本はお取り替えいたします。
本書のコピー、スキャン、デジタル化等の無断複製は著作権法上での例外を除き禁じられています。本書を代行業者等の第三者に依頼してスキャンやデジタル化することは、いかなる場合も著作権法違反となります。

本書の内容に関するお問い合わせは、お手紙かメール (jitsuyou@kawade.co.jp) にて承ります。恐縮ですが、お電話でのお問い合わせはご遠慮くださいますようお願いいたします。

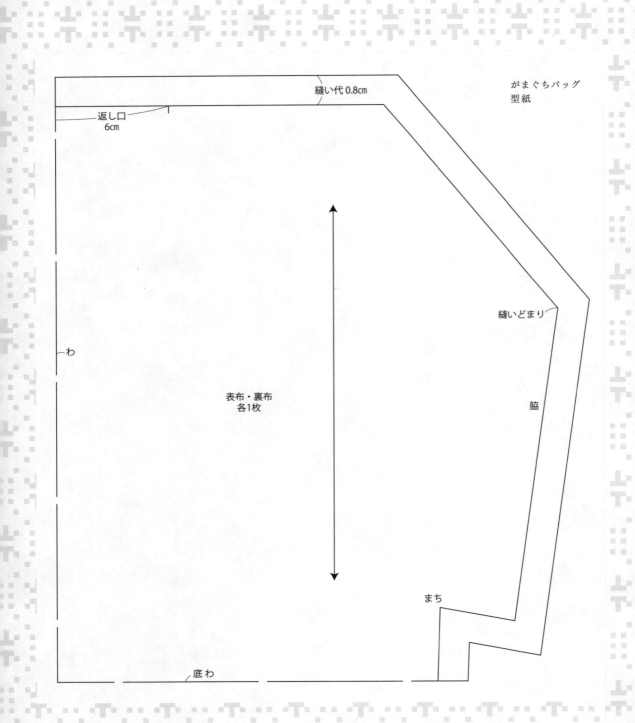